Samuel Caraballo-López

"A SON DE DIANA" ... El desalojo de los residentes del Barrio Guayacán

Samuel Caraballo-López

“A SON DE DIANA” ... El desalojo de los residentes del Barrio Guayacán

Un análisis histórico-legal de los eventos y sus repercusiones socio-económicas en los desplazados

CREDO EDICIONES

Imprint
Any brand names and product names mentioned in this book are subject to trademark, brand or patent protection and are trademarks or registered trademarks of their respective holders. The use of brand names, product names, common names, trade names, product descriptions etc. even without a particular marking in this work is in no way to be construed to mean that such names may be regarded as unrestricted in respect of trademark and brand protection legislation and could thus be used by anyone.

Cover image: www.ingimage.com

Publisher:
CREDO EDICIONES
is a trademark of
International Book Market Service Ltd., member of OmniScriptum Publishing Group
17 Meldrum Street, Beau Bassin 71504, Mauritius

Printed at: see last page
ISBN: 978-613-1-36080-0

"A SON DE DIANA"...

El desalojo de los residentes del Barrio Guayacán de Ceiba por el Departamento de Defensa de los EUA, para la construcción de la Base Naval Roosevelt Roads (1941-1943): Un análisis histórico-legal de los eventos y su impacto social en los desplazados.

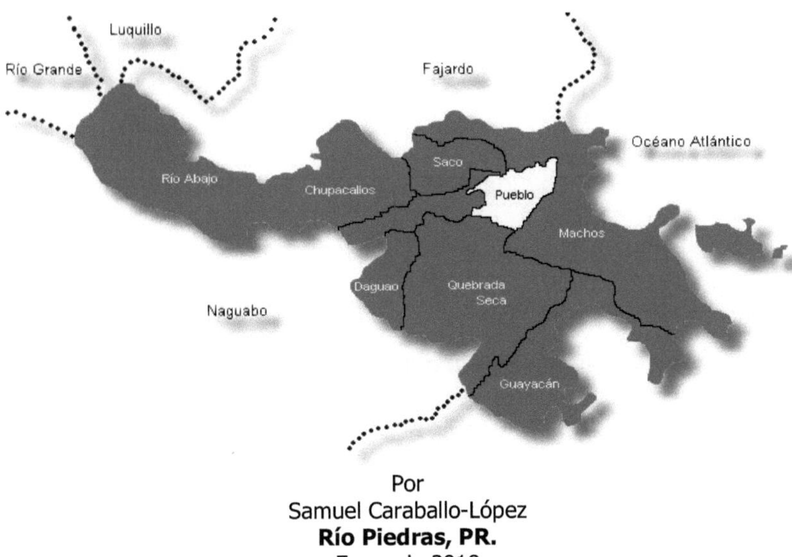

Por
Samuel Caraballo-López
Río Piedras, PR.
Enero de 2019

TABLA DE CONTENIDO

DEDICATORIA

Este escrito tiene una razón de ser...mi pueblo y mi gente. Resido en un pequeño pueblo del oriente de la isla de Puerto Rico. Llegue muy temprano en mi vida al municipio de Ceiba, al sector Aguas Claras, y desde aquel entonces, no me he podido separar de este. He viajado, me he trasladado a muchos sectores de mi isla, y a los Estados Unidos, pero siempre retorno a mi barrio. A ellos, a los que en el anonimato del vivir cotidiano, hacen de mi pueblo un mejor lugar para vivir, a ellos les dedico este escrito. A mi gente de Ceiba, que han resistido los embates del tiempo, la contaminación ambiental y sonora, las privaciones económicas y la estigmatización parcelera. A los que por tanto tiempo siendo costa, no tenían playa... A los que cedieron sus mejores parajes para que otros vivieran y establecieran sus "barracas" militares... A los que aún hoy añoran recobrar la tierra perdida.

A los que viven y a los que murieron esperando volver su Barrio Guayacán... A los que partieron, obligados por las circunstancias, a otras tierras buscando sueños, que se convirtieron en pesadillas... A ellos y a ustedes les dedico este trozo de historia de mi pueblo de Ceiba.

No puedo ignorar a los que recogerán los frutos de esta lucha, a las nuevas generaciones de puertorriqueños, que en mi imaginario lo encabezan mis nietos...Natalia, Josué, Samuel Esteban, Samuel Antonio, Andrés Gil, Samuel Alberto y Luz Aurora (Rosita), que aunque nacidos en los Estados Unidos, llevan en sus venas la mezcla de razas que caracteriza a los boricuas. A esas nuevas generaciones que arribarán en algún momento de la historia a nuestro suelo, a ellos también les dedico este escrito.

Muchas bendiciones,

INTRODUCCIÓN

Mi familia se mudó al municipio de Ceiba a principios de la década del '60, intentando buscar una mejor calidad de vida. Mi madre, una mujer divorciada llegó con siete hijos/as al más oriental de todos los municipios, Ceiba. De inmediato comenzó a trabajar como empleada doméstica en las residencias de la Base Naval Roosevelt Roads.

Cientos de amas de casa, que a su vez eran jefas de familia, llegaban temprano al "Gate #1", esperando ser contratadas por las esposas de los soldados para la limpieza y mantenimiento de sus propiedades. Con la pequeña cantidad de dinero, fruto de su trabajo como empleada doméstica, logramos sobrevivir durante mis primeros años de escuela elemental. Desde ese entonces, la Base Naval Roosevelt Roads fue parte de mi vida de niño y adolescente. Los constantes ruidos por los bombardeos de Vieques, las maniobras en el área de Ceiba y el movimiento del aeropuerto militar, fueron parte de todo el ambiente donde vivía, jugaba y soñaba.

Según Fraenkel & Wallen (1996, 495) la historia es una "recolección sistemática y la evaluación de esa información para describir, explicar y en consecuencia comprender acciones y sucesos ocurridos en el pasado" (Lucca & Berríos, 2003, 99). Siempre me preguntaba, ¿cómo llegaron estos norteamericanos a este municipio? ¿Cuándo llegaron? ¿Por qué están en el lugar más hermoso de la región? ¿Cómo adquirieron esas tierras? Todas esas preguntas pululaban en mi mente y posiblemente en la mente de muchos otros niño/niñas como yo. En la escuela, que yo recuerde, nunca me contestaron mis preguntas.

Tenemos que aceptar que se conoce muy poco de los eventos históricos específicos relacionados al establecimiento de la Base Naval Roosevelt Roads en el litoral este de Puerto Rico. De hecho, se desconoce los procesos históricos y legales de la expropiación masiva de los residentes del Barrio Guayacán, donde se ubicó estratégicamente este bastión militar norteamericano.

El propósito de esta investigación es expandir los conocimientos del autor y sus lectores sobre el impacto de los eventos de desalojo masivo de los residentes de este sector oriental de Puerto Rico, ocurridos entre los años 1941-43, y que dieron lugar al establecimiento de la base naval de mayor extensión territorial fuera de los Estados Unidos continentales (Ayala, 2001).

Justificación del Estudio

La Base Naval Roosevelt Roads ocupaba una amplia extensión del litoral este de la isla, incluyendo los islotes de Piñero, Cabeza de Perro, Cabras y el litoral norteño de la isla de Vieques, y parte de la isla de Culebra.

Figura 1: Foto del litoral nororiental de Puerto Rico, donde podemos ver la isla de Vieques (Tomada de www.bracpmo.navy.mil/bracbases/pr/roosevelt_roads)

.

Esta amplitud territorial tenía como motivo el de alojar, si fuera necesario, la marina inglesa y francesa acosadas por el poderío militar alemán durante la Segunda Guerra Mundial (Veaz, 1995, 166). Hay pruebas fehacientes de dicha intención en las instalaciones que actualmente existen en la antigua base naval Roosevelt Roads.

El 31 de marzo de 2004, luego de la salida del Navy de Vieques, ocurre el cierre permanente de la Base Naval Roosevelt Roads. Este cierre de la Base Roosevelt Roads, parece estar relacionada con las protestas masivas en Vieques, que provocan el cierre permanente del polígono de prácticas de tiro aeronaval de dicho cuerpo militar (Estrada, 2003). Aunque algunos analistas difieren de esta postura, coinciden en que hubo malestar en el alto mando de la Marina de Guerra, sobre estos eventos (Piñero, 34).

Frente a este cierre abrupto, la Gobernadora de Puerto Rico, Sila M. Calderón, intentó por una orden ejecutiva, responder con sus mejores recursos a dicha emergencia (OE-66, 2003). No hay duda que la respuesta gubernamental fue inadecuada, afectando con su plan propuesto, las comunidades de los municipios de Ceiba y Naguabo, aledañas al bastión militar (APRODEC, 2005). Por otro lado esta salida rápida de Roosevelt Roads, va acompañada por el interés del NAVY de vender en pública subasta, a desarrolladores externos, los terrenos que representan el mayor beneficio económico para la región oriental de la isla, sin completar el proceso de limpieza requerida, siendo esto un motivo de gran preocupación para los residentes de este litoral.

Según el Ingeniero Rogelio Figueroa, representante del

Municipio de Ceiba en la Junta de Redesarrollo Local (LRA) y Daly Ávila, Presidente de la Organización Comunitaria APRODEC (Alianza Pro Desarrollo de Ceiba), el NAVY pretendía optar por la transferencia temprana de algunas de las tierras de Roosevelt Roads para agilizar el desarrollo de la región, sin haber ni siquiera iniciado el proceso de limpieza, y mucho menos haber determinado el nivel de contaminación presente en las mismas (APRODEC, 2006). De hecho los documentos sometidos por el NAVY a la Junta Consejera para la Restauración (RAB) demuestran explícitamente la intención de lo que se denunció:

> En las parcelas contaminadas, los nuevos propietarios serán responsables de cualquier limpieza necesaria basado en acuerdos legales por separado con la EPA (NAVY BRAC, Hoja de Información, 2007, 3).

Todos estos eventos nos obligan re-entrar en los eventos relacionados a la adquisición de estos terrenos por el Departamento de Defensa (DD) de los Estados Unidos durante los años 1941-1943, como parte de la emergencia de guerra de aquel momento. El poder evaluar los eventos históricos y legales de la expropiación de los terrenos del Barrio Guayacán, por el Departamento de Defensa (DD), y su impacto sobre la comunidad ceibeña, ofrece a los residentes de los municipios afectados un pivote moral para la negociación justa con las autoridades militares.

En la comprensión de los procesos de expropiación y desalojo y en su divulgación, no solo aportamos al quehacer histórico de los municipios de Ceiba y Naguabo, sino que nos sensibilizamos para entender las luchas y esfuerzos de sobrevivencia de los pobladores de esta región nororiental de Puerto Rico. Me parece que no solo es un proyecto históricamente deseable, sino terapéuticamente necesario para nuestra comunidad en aras de sus esfuerzos para recuperar lo que una vez le pertenecía, las hermosas tierras que ocupaba la antigua Base Naval Roosevelt Roads.

Además, es de vital importancia que la Iglesia Evangélica Unida de Puerto Rico, de la cual formo parte como pastor, comprenda como institución los eventos relacionados a esta expropiación. La Iglesia Evangélica Unida del Barrio Guayacán de Ceiba fue la primera iglesia protestante desalojada de su templo por el poder militar norteamericano en Puerto Rico. Dicho evento dejó huellas en los primeros feligreses de esta congregación cristiana.

METODOLOGÍA DE LA INVESTIGACIÓN

Para esta investigación usaré un diseño cualitativo, específicamente el de investigación histórica, utilizando como estrategias principales el análisis de documentos históricos, legales y periodísticos, junto a la historia oral de testigos que aún viven (Lucca & Berríos, 2003).

Dentro de los documentos tenemos fuentes primarias y secundarias. En las fuentes primarias tenemos actas de los procesos de expropiación provenientes de los archivos del Gobierno Federal, que han sido debidamente enumeradas. Además, tenemos los testimonios de algunos actores vinculados a la expropiación de los terrenos del Barrio Guayacán. Estos actores reconstruyen con sus testimonios aspectos no documentados de aquel evento de expropiación y desalojo, contribuyendo a la comprensión de los efectos de aquellos actos sobre la vida social y espiritual de los afectados (Lucca & Berríos, 2003, 371).

El Dr. Gerardo Piñero Cádiz, historiador puertorriqueño que ha estudiado todo el proceso de formación, desarrollo y cierre de la Base Roosevelt Roads, logró entrevistar tres (3) testigos de la expropiación que aún vivían (Piñero Cádiz, 2004), y este autor logró un testigo adicional (vea anejo 3).

Las fuentes secundarias más útiles para la realización del estudio, serán analizadas en la siguiente sección. Esta combinación de fuentes me permite triangular con diversas estrategias de investigación histórica como lo es la historia oral (investigación de campo) y el análisis de contenido en documentos legales, históricos y periodísticos (investigación documental), dándole mayor confiabilidad a la información recopilada (Lucca & Berríos, 2003).

Revisión de Literatura relacionada al tema

En un intento magistral, el Profesor Gerardo M. Piñero Cádiz del Colegio Universitario de Humacao de la UPR, en su disertación para el grado de Doctor en Historia del Caribe (2004), hace un recuento de los eventos ocurridos durante la década del '40 y que dan origen a esta base naval. Piñero entra en los orígenes de este proyecto llamado Roosevelt Roads e intenta en el cuarto capítulo (Páginas 114-156) de su disertación, presentar cuál fue el proceso de establecimiento de este bastión militar en la zona oriental de Puerto Rico. El estudio de Piñero representa una fuente primaria de profunda erudición sobre el tema de Roosevelt Roads y su impacto sobre la historia de nuestra isla. Adicional a este estudio de análisis histórico concienzudo de los aspectos históricos que fundamentaron el acto de construcción de la Base Roosevelt Roads, carecemos de amplias fuentes escritas sobre los aspectos legales que sustentaron la expropiación de los residentes de los Barrios Guayacán, Machos, Rolón, Tea, Indios, Punta Cascajo, Cabra, Cabra de Tierra, Quebrada Seca, El Corcho, Dagüao, y mucho menos el impacto social y espiritual que aquel doloroso proceso dejó en la vida de aquellos hombres, mujeres, jóvenes, niños y niñas que fueron impactados.

Hay un caso legal entre el Gobierno Municipal de Ceiba y algunos contratistas de la Base Roosevelt Roads, y decidido por el Tribunal Supremo de Puerto Rico a favor del Municipio de Ceiba , que da pie al entendimiento legal del proceso de expropiación tanto en Ceiba como en Vieques (2005 DTS 183 HBA Contractors vs. Municipio de Ceiba 2005TSPR183, 2005). Esta decisión del Tribunal Supremo de Puerto Rico, cita las bases legales del proceso de expropiación de los residentes de Ceiba, junto a otros documentos que discutiremos durante la descripción y análisis de dicho proceso.

En ese litigio legal decidido en el 2005, unos contratistas que realizaban labores dentro de la Base Roosevelt Roads, cuestionaron la jurisprudencia que tenía el Municipio de Ceiba para cobrar arbitrios de construcción a sus compañías, estando estas sirviendo a una instancia del gobierno federal como es el NAVY. El Tribunal Supremo de Puerto Rico, declara sin fundamento el reclamo de la compañía de contratista HBA y establece la obligación que tiene toda empresa a pagar arbitrios de construcción en el lugar donde ejerce su trabajo, en este caso, en el municipio de Ceiba.

Este caso decidido por el juez asociado Francisco Rebollo López establece en su análisis legal que la Asamblea Legislativa de Puerto Rico, mediante la aprobación de la Ley 16 de febrero de 1903, conocida como la "Ley Autorizando al Gobernador de Puerto Rico para traspasar ciertos terrenos a los Estados Unidos para fines Navales o militares y otros fines públicos," en sus secciones 5 y 6 le da base legal al proceso de expropiación de los terrenos que nos incumben por parte del gobierno federal de los EUA. Esta ley fue el "caballo de Troya" del gobierno norteamericano para emprender los procesos de adquisición de tierras para fines militares en todo Puerto Rico.

Los estudios de Jorge Rodríguez-Beruff (1988) han sido de gran ayuda para este trabajo investigativo. Rodríguez-Beruff tiene dos (2) obras, dentro de su amplia producción, que requieren nuestro análisis cuidadoso sobre el proceso militar en Puerto Rico. El primer libro es Política *militar y dominación, Puerto Rico en el contexto latinoamericano* (1988), y su libro del 2002, *Las memorias de Leahy: los relatos del Almirante William D. Leahy sobre su gobernación en Puerto Rico (1939-1940).* Este trabajo de Rodríguez-Beruff , junto a la aportación de Humberto García Muñiz, especialmente su libro *La estrategia de los Estados Unidos y la militarización del Caribe* (1988), son libros obligados para entender la política de expansión militar de los Estados Unidos en Puerto Rico y el Caribe. Estos estudios nos iluminan desde una perspectiva crítica sobre la intención del Departamento de Defensa de los Estado Unidos de hacer de Puerto Rico una base militar, que permitiera no solo el control del Caribe, sino de toda Sur y Centro América. En este plan de expansión, la Base Naval Roosevelt Roads era punta de lanza para lograr dichos objetivos.

Los artículos de Cesar Ayala-Casas & Bolívar-Fresneda, *The Cold War and the Second Expropriations of the NAVY in Vieques* (2006) y *Del latifundio azucarero al latifundio militar: las expropiaciones de la Marina en la década del cuarenta* (2001), aunque están enfocados en los procesos de expropiación de Vieques, han sido muy útiles para entender la dinámica de la expropiación militar y los efectos posteriores de este desalojo en la región nororiental de Puerto Rico. El gran parecido entre la expropiación de los residentes de Vieques y Ceiba nos ayudan a extrapolar los hallazgos. Todos estos libros y artículos han colaborado para estructurar esta investigación, que además de responder a un interés personal de este suscribiente, y que he dejado claro en páginas anteriores, pretende establecer un pivote moral para la lucha por recobrar la totalidad de las tierras de Roosevelt Roads, que son parte del patrimonio nacional y a su vez de los Municipios de Ceiba y Naguabo.

PREGUNTAS QUE GUIAN ESTA INVESTIGACIÓN

1. ¿Cuáles fueron los motivos o propósitos de la expropiación forzosa?
2. ¿Cuáles fueron las bases legales e históricas que propiciaron la expropiación?
3. ¿Cuáles fueron los procesos de la expropiación en el Barrio Guayacán? ¿Cuándo ocurrió dicho proceso?
4. ¿Cuál fue la posición del gobierno de Puerto Rico frente a la expropiación? ¿El gobierno municipal? ¿Cómo reacciono la comunidad perjudicada?

5. ¿Cuál fue la reacción la sociedad civil puertorriqueña de los años '40 a esta expropiación?
6. ¿Quiénes fueron las familias, individuos y corporaciones expropiadas? ¿A dónde fueron a vivir los expropiados?
7. ¿Qué voces se levantaron para defender la comunidad expropiada?
8. ¿Cuál fue la posición de las terratenientes frente a la expropiación?
9. ¿Cuán justa fue la compensación del NAVY a los expropiados/as?
10. ¿Cuál fue el efecto social y espiritual de esta expropiación y desalojo sobre la comunidad afectada?

BREVE HISTORIA DE LOS ORÍGENES DE LA BASE NAVAL ROOSEVELT ROADS.

El nombre de la Base Roosevelt Roads se estableció oficialmente el 8 de mayo de 1941, en honor "a la familia que ayudó a expandir y modernizar la marina de guerra norteamericana hasta transformarla en una de las más poderosas" del mundo (Piñero, 114). Según Piñero (2004), la Base Naval Roosevelt Roads fue un proyecto estratégico dirigido por el Comité Base de Operaciones en Vieques

(Committee on Fleet Operating Base at Vieques, Puerto Rico), en respuesta a la Segunda Guerra Mundial. Este plan estratégico comprendía la adquisición del litoral nororiental desde Punta Lima, Naguabo hasta Punta Figueras en Fajardo, siendo la mayor cantidad de terreno de la jurisdicción de Ceiba (Piñero, 116). Este proyecto dio inicio con la construcción del Fuerte Bundy, en el área del Río Daguao, en Naguabo (Figura 2). Este fuerte se convirtió en el cuartel general del ejército y era el encargado de vigilar la costa con su artillería pesada, durante la construcción de la base naval.

Los planes iniciales de esta base naval era tener un lugar donde los barcos pudieran fondear protegidos por artillería militar, diques para acorazados y con instalaciones (varaderos) para reparaciones mayores en caso que fueran atacados por los submarinos alemanes que campeaban por su respeto en todo el Atlántico y el Caribe (Piñero, 116). Además esta base naval serviría para el suministro de combustible, almacén de materiales bélicos, un hospital y una estación aérea para aviones, junto a otras facilidades portuarias al servicio de la Flota Atlántica y al Caribe (Piñero, 128). Según Piñero (2004), dada la posición geográfica que gozaba la base aeronaval de Roosevelt Roads, pronto se convirtió en el "*Pearl Harbor*" del Caribe.

Para lograr el plan trazado se hacía necesario la adquisición de las tierras de esta región nororiental, que estaban ocupadas por residentes, principalmente del Municipio de Ceiba y por terratenientes que habían utilizado dichas tierras desde mediados del siglo XIX, para el cultivo de caña de azúcar, plátanos, guineos y pastos para ganado, junto a edificaciones propias de una hacienda azucarera (Piñero, 2004, 125). La población de Ceiba, para el 1940, era de 7,021 habitantes. El gobierno de Puerto Rico facilitó la adquisición de tierras mediante el Proyecto de la Cámara 500, que tenía como base legal la Ley 16, de febrero de 1903, donde se autorizaba al gobierno federal a adquirir las tierras y cuerpos de aguas adyacentes de la costa este de Puerto Rico, colindantes con el Mar Caribe y el Océano Atlántico (HBA Contractors vs. Municipio de Ceiba, 2005; Piñero, 135).

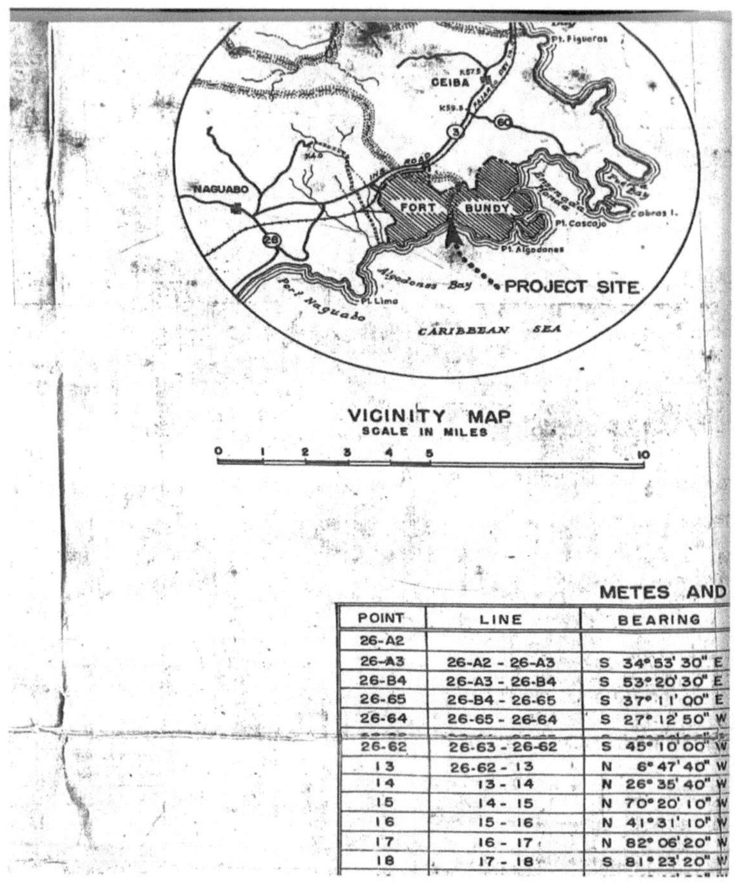

POINT	LINE	BEARING
26-A2		
26-A3	26-A2 - 26-A3	S 34° 53' 30" E
26-B4	26-A3 - 26-B4	S 53° 20' 30" E
26-65	26-B4 - 26-65	S 37° 11' 00" E
26-64	26-65 - 26-64	S 27° 12' 50" W
[illegible]	[illegible]	[illegible]
26-62	26-63 - 26-62	S 45° 10' 00" W
13	26-62 - 13	N 6° 47' 40" W
14	13 - 14	N 26° 35' 40" W
15	14 - 15	N 70° 20' 10" W
16	15 - 16	N 41° 31' 10" W
17	16 - 17	N 82° 06' 20" W
18	17 - 18	S 81° 23' 20" W

Figura 2: Mapa del Fuerte Bundy al sur del Río Daguao, Naguabo

Al territorio del Barrio Guayacán de aproximadamente 7, 527.78 acres, se unieron los sectores de Rolón, Machos, El Corcho, Cascajo, Punta Puerca, La Tea y las islas de Piñero, Cabeza de Perro, Islote Indio, Cabras, Cabra de tierra, Cabrita, Garzas y Roloncito para completar un total de 8,638 acres de terreno expropiado, donde se ubicó la Base Naval Roosevelt Roads (Act. of C.P., 1941, 2316). Estos terrenos, para facilitar su expropiación fueron rotulados en los mapas oficiales del Navy con los números del 1 al 91.

El Profesor Piñero (2004), en su análisis de la expropiación de las propiedades por el NAVY, demuestra que este cuerpo castrense tasó todas las propiedades adquiridas, tanto en Ceiba como en Vieques, por precios significativamente menores al precio real de dichos terrenos, según los documentos oficiales del Departamento de Hacienda de Puerto Rico (Piñero, 138; Ayala & Bolívar, 2004, 55).

Aun cuando hubo muchas reclamaciones en las cortes federales por esta acción del NAVY, las mismas no prosperaron (Act. of C.P., 1942-1947, 2435, 2681, 2712, 2782). Algunos terratenientes en virtud de que había una emergencia de guerra por el ataque de Japón a la base de Pearl Harbor (7 de diciembre del 1941), y por no dar la imagen de ser antipatrióticos, optaron por no litigar contra el gobierno federal (Ayala & Bolívar, 2004, 55). Sin embargo los más afectados no fueron los terratenientes sino la gran mayoría de obreros de la tierra, analfabetos, endeudados y agregados que no tuvieron la oportunidad alguna de reclamar justicia ante esta inusitada intervención militar, que utilizaba la emergencia de guerra como justificación para su acción (Soto-Millán, 2007).

Estos pobres obreros del Barrio Guayacán fueron removidos de sus tierras y sus casas destruidas por los "bulldozer" militares, ofreciéndole compensaciones irrisorias que empeoraban su situación ya afectada por su condición social y económica (Act. of C.P., 1942, 2712, 2782, 2435). Es importante observar que aún bajo las condiciones de desposesión legal de estos obreros de Guayacán, la tierra donde vivieron por tiempos ancestrales, era su tierra. Esa tierra la podían utilizar, sin ser entorpecidos, para pequeños cultivos, criar animales e interactuar con la belleza ecológica de esos parajes tropicales. El vivir cerca del mar le daba acceso a las grandes riquezas de los abundantes ecosistemas del Mar Caribe, haciendo que todo el costo de reproducción de la fuerza del trabajo no recayera sobre el salario (Ayala, 2001, 8). Al perder esas fuentes de sobrevivencia natural se empobrecieron aún más.

Según los Actas del Proceso de Expropiación del 1942 (Act. of C. P., 1942, 2316, 2712), dentro de las 8,638 acres que fueron ocupadas por la Marina de los Estados Unidos y localizados en los municipios de Ceiba y Naguabo, existían terrenos pertenecientes a cuatro (4) haciendas azucareras. Estas haciendas o ingenios azucareros, que poseían la mayoría de los terrenos privados de uso agrícola del litoral este, eran la Hacienda Aguas Claras, posteriormente llamada Hacienda Concepción, la Hacienda Santa María, Hacienda Aurora y la Hacienda la Tolonesa. La mitad de los terrenos del Barrio Guayacán pertenecían a un grupo reducido de terratenientes, dueños en su mayoría de las haciendas azucareras antes mencionadas. Estos terrenos se distribuían proporcionalmente entre los siguientes propietarios: Don José y Caridad Bahamonde (6%), a Kathleen Noble Ruddell (10%), Ross María y Adelaida Sandóz (10%) , a la familia Riefkohl (12%), a la Fajardo Sugar Growers Association (12%), otros pequeños propietarios (8%) y al Pueblo de Puerto Rico (gobierno municipal y estatal) (42%) (Act of C. P., 1942, 2712).

Por cierto, los terrenos estatales se vendieron a un precio promedio $9.00 el acre en terrenos que no eran manglares o humedales (Piñero, 2004, 138) y a $1.00 la totalidad de los terrenos que eran de conservación (Act. of C. P., 1942, 2435). Es bueno mencionar los criterios que se utilizaban para el establecimiento del costo de los terrenos a expropiar por el NAVY: a) el tipo de terreno, b) su productividad, c) localización, d) cercanía a centrales azucareras, e) los caminos, carreteras y edificaciones existentes, f) cercanía a zonas comerciales, g) el valor de las propiedades cercanas vendidas recientemente (Piñero,2004,136n).

ANÁLISIS DE LOS EVENTOS

El Barrio Guayacán...los recuerdos afloran

Dolores Soto Millán, de 81 años e hija de Antonio Armando Soto Figueroa y Ricarda Millán Camacho, salió a los 17 años del Barrio Guayacán a través del proceso de expropiación. "Lolita", como es conocida en su comunidad, nació y vivió toda su juventud en Playas Blancas (Figura 3), el sector más poblado del Barrio Guayacán de Ceiba:

> Yo vivía... en la carretera principal de entrada de... Playas Blancas, cerca de la laguna a mano izquierda quedaba la casa de nosotros...más adelante estaba la tienda o sea el colmadito...y a la derecha estaba la escuela...allí estaba la mayor parte de unas cuantas casas alrededor....eso se consideraba como si hubiera sido el pueblo... Todas esas casas eran las que estaban ahí... Luego había que caminar bastante para llegar a otras casas del barrio...por todo en general eran como noventa familias en Playas Blancas.

El Barrio Guayacán tenía todos los componentes de un poblado de la época, con escuelas, iglesias, comercios y las condiciones típicas de una comunidad rural, que se había establecido a mediados del siglo XIX como resultado de la industria de la caña. Dado que en la industria azucarera se necesitaba mano de obra barata, uno de los estrategias empresariales, era el permitir a los obreros establecer sus viviendas cerca de las haciendas, centrales y sembrados de caña (Fernández, 1971). Todo ese contexto va creando una cosmovisión particular que identifica a los residentes del Barrio Guayacán (Fernández, 1971)

<u>La vida social en el Barrio Guayacán:</u>

Según el historiador Eugenio Fernández Méndez (1971), la zona costanera de la isla, influenciado por la industria azucarera, va forjando una visión socio-cultural congruente a dicha infraestructura económica. Los elementos distintivos de estas zonas, el mar, los sembrados de caña y las haciendas azucareras influyen en el etos y la cosmovisión de sus constituyentes.

El Barrio Guayacán no es la excepción. Las actividades relacionadas al mar o la playa era la principal forma de recreación existente en el Barrio Guayacán, junto a los juegos de pelota cuando la laguna se secaba. Esta laguna era una canal de agua que penetraba en ciertas épocas del año y formaba una laguna dentro del sector Playas Blancas. Lolita nos expresa esa forma particular de socializar de la comunidad:

> ...Se echaba de menos la playa, especialmente porque a nosotros nos quitaron la playa... Ceiba no tenía playa... y dese (sic) cuenta que en ese barrio lo único que había era la playa y el juego de pelota que se celebraba...en la laguna al lado de casa. Porque esa laguna se secaba...y en el tiempo que estaba seca, ese era el parque...por eso digo que nosotros vivíamos...en el sócalo... ahí donde eran todas las actividades del barrio. Entonces nos entreteníamos viendo los juegos de pelota de la gente que iba a jugar...iban de acá...de Daguao...de todos los barrios...iban a jugar porque aquello era una plazoleta...aquella laguna se secaba y allí se llevaba a cabo los juegos de pelota todos los domingos. De modo que eso, la iglesia y la playa eran las formas de entretenimiento porque no había más na'.

Los elementos antes mencionado, junto a la inclusión de la iglesia como una comunidad socializadora son los pilares para el entendimiento de la cultura del pueblo de Ceiba en la actualidad. La proliferación de iglesias protestantes y la participación masiva de la comunidad en actividades religiosas era y es un distintivo de este pueblo.

<u>Fuentes de Empleo en el Barrio:</u>

"Lolita" nos describe lo que era la cotidianeidad de los residentes de Guayacán:

> Bueno...Mama se dedicaba a ama de casa.

Las mujeres, como en la mayoría de las comunidades rurales de la época, se dedicaban al hogar como centro de las labores domésticas. Ellas cocinaban, cocían, cuidaban los niños/niñas, vendían productos hechos por ellas, para sufragar los gastos de la familia. Inclusive cuando el padre, proveedor principal de la casa faltaba, ellas asumían dicho rol, junto a sus hijos e hijas mayores. "Lolita" nos cuenta la labor titánica de su madre y hermanos mayores cuando su padre faltó por un tiempo:

> Así que Jobo y Goyo fueron los que tuvieron que hacer frente a ese cuadro de hijos y de mamá. Y mamá haciendo pasteles y haciendo cosas para vender. Luchando para echar pa'lante, cociendo...ella cocía las velas de todos los barcos...ella coció todas las velas de todos los barcos de Playas Blancas. Ella era quien las cosía... Era la costurera...y entonces con esos chavitos y con lo que ella regenteaba, vendía cerdos, gallinas y que se yo ni que... y los muchachos trabajando...que nunca habían ido a la caña...tuvieron que meterle el cuerpo...a la caña.

En cuanto a los hombres la caña, la pesca, el comercio y la industria relacionada a la misma era la principal fuente de empleo de los residentes del barrio. Existían fuentes alternas de allegar fondos al presupuesto familiar, como era el contrabando de productos con las islas del Caribe Oriental.

Durante la época de la zafra de la caña, muchos optaban por alternar la pesca con la agricultura.

> Y papá tenía un barco, porque la mayor parte de la gente de Playas Blancas vivía del mar. Papá no era como pescador en sí...porque él se ocupaba de llevar y traer carga. Él tenía el barco más grande que llevaba carga de Playa Blanca a Vieques, Culebra, San Tomas, Tórtola, por todas esas islas. El llevaba carga vendía allá y traía producto de allá y se vendían acá.

Existía en la bahía de Ensenada Honda un puerto de pasajeros, por donde los residentes de Vieques y Culebra llegaban a la isla grande.

> Había un puerto...llegaban todos los barcos en la orilla del mar, entonces dejaban los barcos bastante retirados y tocaban un fotuto...y entonces un tío mío político...que era el más cerca que vivía de la orilla de la playa, iba con la lancha y buscaba la gente de los barcos que llegaban.

Este puerto era utilizado para el comercio tanto legal como ilegal (contrabando) con las islas del Caribe. El padre de Lolita, Don Antonio Soto, era dueño de un barco que se dedicaba al comercio entre estas islas y Ceiba. En la Bahía Ensenada Honda existía toda una industria de intercambio comercial entre Ceiba y las Antillas Menores del Caribe Oriental que proveía empleos para muchas de las familias del barrio. Sin embargo toda esta industria de comercio con nuestros vecinos del Caribe desaparece a partir del desalojo de los pescadores y agricultores y la eliminación de las fincas de cultivo. Sin embargo, la misma relación existente entre la hacienda azucarera y los residentes de Guayacán se mantiene, con un nuevo actor y protagonista. Como expresa César Ayala, "el latifundio azucarero fue sustituido por el latifundio militar" (Ayala, 2001, 8).

La Expropiación...empezó

"Lolita" nos narra cómo se enteró la comunidad de la intención de la Marina de expropiar los residentes de Guayacán:

> Bueno, a través de la gente que trabajaba en la base...que vivían en Playas Blancas...que iban y venían las voces ve...de lo que oían y se decía...que nos iban a expropiar a nosotros a todos los habitantes de Playas Blancas, porque todos esos terrenos iban a pertenecer a una base naval que iban a hacer ahí el NAVY.

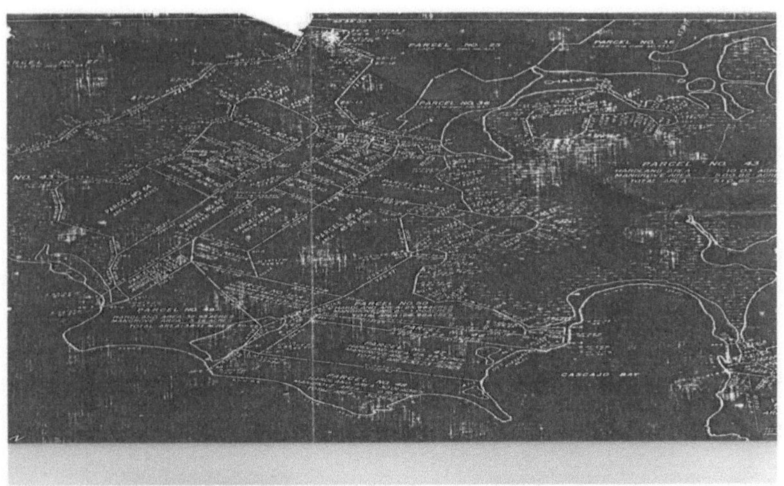

Figura 3: Mapa del Barrio Guayacán, Ceiba. (Fleet Operation Facilities, Roosevelt Roads, Puerto Rico, 1941.)

Este proceso fue sin información previa, solo se escuchaban los rumores que eran filtrados, desde el dragado de la Bahía Ensenada Honda, por los trabajadores. Es interesante observar, que antes de la expropiación la Marina, ya se había construido el Fuerte Bundy, que tenía como función proteger la entrada de la bahía con artillería pesada (Figura 2). Además, ya había comenzado el proceso de dragado de la Bahía Ensenada Honda que permitía el fondeo de barcos de guerra (Piñero, 2004, 127). Para este trabajo la mano de obra de los trabajadores de Guayacán era necesaria, por lo tanto no fueron expropiados hasta terminar ese proyecto de dragado. Lolita nos narra el inicio del proceso de expropiación para toda esa comunidad:

> "...Hasta que un día llego un Señor a caballo, un americano, y entonces iba casa por casa... iba preguntando el nombre del dueño de la propiedad...entonces el miraba la casa alrededor... y él le puso el precio que él quiso."

El relato de Lolita nos traslada a finales del 1941, donde su familia vivía en el sector Playas Blancas (Parte del Barrio Guayacán), en la parcela que el NAVY identificó como la número 56 (Figura 3), por motivo de la expropiación, que constaba de 1.09 acres y que pertenecía al Municipio de Ceiba (Act of C. P., 2712, 1942, 12). El sector que incluía Playas Blancas comprendía las parcelas enumeradas 24 a la 71, frente a la Bahía de Ensenada Honda, donde se encuentran las facilidades marítimas de la antigua Base Naval Roosevelt Roads, donde habitaban cerca de 90 familias, muchas de ellas parientes cercanos. En este sector de la bahía Ensenada Honda, el NAVY expropió 7,527.78 acres (Piñero, 135). Los hacendados recibieron compensación económica, que aunque no representaba el valor real de las propiedades en el mercado, era un respiro para la alicaída industria de la caña. Sin embargo, los trabajadores solo recibieron una mínima compensación por sus casuchas y las limitadas cosechas que poseían en su terreno (Act of C. P. 2712, 1942). Aquellos propiedades que no se pudiese demostrar la existencia de titularidad pasaban a ser parte del erario público y de esta forma se tasaban (Piñero, 2004).

Lolita describe el proceso atropellado de tasación "visual" del NAVY sobre las viviendas de Guayacán:

> A la estructura...Ellos miraron y lo único que preguntaron quién era el dueño de la casa, entonces él se pasaba escribiendo, escribiendo y entonces le dio la vuelta así (señala con la mano) a toda la casa alrededor, porque para adentro no entraron, fue solamente por fuera.

El gobierno de Puerto Rico, era dirigido por el gobernador, Rexford Guy Tugwell (1941-1946) y una legislatura local. Para el 1940, ocurre la primera victoria del Partido Popular Democrático, presidido por Luis Muñoz Marín, y que fungía como Presidente del Senado de Puerto Rico (Piñero, 142).

Es notable el silencio que los rotativos del país guardan sobre este proceso de desalojo y expropiación de los residentes del Barrio Guayacán. Mi explicación a esto es que los temas de la Segunda Guerra Mundial a partir de la entrada de los Estados Unidos en Diciembre del 1941, ocupan los titulares de los principales rotativos del país, haciendo invisible los procesos que se estaban llevando a cabo en la isla relacionados a la "emergencia de la guerra." Estos procesos de expropiación se justifican a la luz de esa visión de emergencia nacional para todos los territorios estadounidenses.

¿Y Quién podrá ayudarnos?

Uno de los aspectos que facilitó el proceso de expropiación por parte de la Marina de Guerra en Ceiba y Naguabo, fue que la mayoría de los trabajadores vivían como agregados en las parcelas de los terratenientes de Guayacán (Anejo #4). La cultura de la caña tenía una distintiva jerarquía: los hacendados, los esclavos y los jornaleros (Fernández, 1971). Dado que la esclavitud había sido legalmente abolida, la categoría de los "jornaleros agregados" era la que permanecía en el Barrio Guayacán.

La mayoría de las 8,638 acres a ser expropiadas en Ceiba y Naguabo, eran propiedad de unos cuantos terratenientes y todo terreno que no se podía verificar su titularidad pasaba a ser parte del Pueblo de Puerto Rico. "Lolita" reconoce esa realidad en cuanto a los terrenos donde ella vivía:

> Bueno, originalmente, yo no sé quiénes eran los dueños de esos terrenos, sinceramente...yo sé que mi abuelo tenía una finca cerca de la playa y tía Caya también tenía otra finca cerca que ellos clamaban que tenían...que tenían escrituras de esas... Donde nosotros vivíamos, yo no creo. Yo creo que cada cual hizo la casa donde quiso, según yo creo....

Aunque habían vivido desde antes del siglo XIX en aquel paradisíaco sector, la mayoría de los residentes no tenían títulos de propiedad sobre la tierra que ellos sentían propia. Tanto en Vieques como en Ceiba esta realidad facilitó el proceso de expropiación al NAVY. En Ceiba, contrario a Vieques, el proceso se dio sin amagos públicos de violencia. Dos razones se dieron para la rápida expropiación: la emergencia de guerra y la carencia de títulos de propiedad. "Lolita" lo expresa de manera diáfana en las siguientes declaraciones:

> La razón era que iban a construir una base naval, que el NAVY iba a construir una base naval para defender a Puerto Rico, porque estaba la guerra ya allá, aunque estaba tan lejos...

La emergencia de guerra facilitaba todo, porque no se podía ser antipatriótico en un momento tan crucial para la nación americana. Ese espíritu de solidaridad nos caracteriza nosotros los campesinos de esta tierra. Las palabras de Lolita resumen esta postura solidaria de los puertorriqueños:

> La gente cuando le dicen que no hay otra alternativa, que hay que hacerlo, pues, quizás al principio se resintieron, me imagino yo al principio, pero después, pues lo aceptaron.

No tenemos registros periodísticos, ni relatos testimoniales de que el gobierno insular o el gobierno municipal abogara por los expropiados. La colaboración del gobierno central con el gobierno federal era completa. Además, la emergencia de guerra no le dejaba herramientas al gobierno central para impedir esta adquisición de tierras por el Departamento del NAVY (Piñero, 2004, 134). Lolita lo expresa de forma dramática:

> Bueno nosotros, todo el mundo decía--nos tenemos que ir, nos tenemos que ir—pero, ¿cómo que nos tenemos que ir? ¿Cómo va a ser esto? Había cierta incertidumbre porque la mayoría de las gentes de Playas Blanca vivían de la pesca del mar...y por tanto tiempo. Y papá no vivía de la pesca pero vivía también del mar, ve...entonces eso la gente lo comentaba. Pero como era una cosa que nos teníamos que ir, no había nadie que nos defendiera.

Este proceso de expropiación en el Barrio Guayacán pasó como desapercibido para las autoridades gubernamentales y grupos de presión comunitaria. Fue un proceso que no tuvo defensores, no hubo protestas. Lolita solo recuerda a Don Juan Solero, como una persona que resistía el proceso de expropiación en virtud a sus intereses particulares como ganadero. Lolita nos cuenta:

> Pues no pudo mencionar verdaderamente si hubo tal resentimiento, yo sé que Juan Solero se oponía, porque Juan solero, era un hombre que también tenía barco, pero también él tenía muchísimas cuerdas de terreno, que yo no sé si eran de él o no. Él tenía ganado, mucho ganado.

Las protestas sobre la expropiación fueron expresiones internas entre aquellos pobladores que perdían sus hogares, pero no trascendieron más allá de una catarsis en el diálogo entre vecinos.

<u>Reubicación de Residentes:</u>

La expropiación en el 1941 de los terrenos de José A. Bahamonde, dueño de la Hacienda Concepción, antiguamente conocida como Aguas Claras, provee la oportunidad a los expropiados del Barrio Guayacán de obtener parcelas de terrenos en usufructo en este nuevo sector (El Mundo, 1941). Lolita expresa ese evento en la siguiente declaración:

> Buenos ya habían expropiado a este señor... las 500 cuerdas de terreno aquí. Entonces se echó un sorteo y cada cual vino a ver a donde le había tocado y entonces en el sitio que le tocó hicieron ranchitos.

El Director de la Autoridad de Tierras, Dr. Carlos E. Chardón, propicio la obtención de cuatrocientas cuerdas de terreno y con el respaldo del Gobernador Rexford Tugwell (1941-1946), crea la oportunidad para los desplazados del Barrio Guayacán (El Mundo, 1941).

A partir del 7 de agosto de 1938, luego de una ardua lucha legal, que fue decidida por el Tribunal Supremo de Puerto Rico y avalada por el Tribunal Supremo de los Estados Unidos, la legislatura de Puerto Rico estableció la Ley de las 500 acres (Crist, 1948; Bothwell, 1979). Esta ley se sostenía en la Resolución Conjunta número 23, del 1 de mayo del 1900, donde se prohibía a los hacendados tener más de 500 acres de terrenos de cultivo (Roca-Rosselli, 1967, 15; Crist, 1948). La Autoridad de Tierras se crea a partir de la Ley 26 del 12 de abril del

1941 y puso fin a los latifundios corporativos existentes en la isla (Piñero, 143). Lolita, como joven de 17 años, ve la salida de Guayacán como una oportunidad grandiosa:

> ...porque yo estaba contenta de salir de Playas Blancas. Porque salimos de playas blancas, porque yo me di tantas mojas viniendo para la escuela a caballo, que teníamos que ir todos los días venir ir y venir a caballos de Playas Blancas a Ceiba, pues entonces, claro como yo era una muchacha joven yo estaba contenta.

El reordenamiento demográfico de los residentes del Barrio Guayacán, a diferencia de Vieques y Aguadilla, fue percibido como una "bendición" para la mayoría de los desplazados (Piñero, 144). El proceso iniciado por de la Autoridad de Tierras en el 1942, permite a los desplazados de Guayacán tener una porción de tierra, que en algunos casos era mayor de una cuerda en lo que hoy es Aguas Claras. Esta tierra, que fue dada en usufructo, no llegó a ser de sus residentes hasta el gobierno de Don Luis A. Ferré-Aguayo, donde se estableció la Ley 35 en verano del 1969. Esta ley concedió títulos de propiedad a los usufructuarios rurales por el valor de un dólar ($1.00).

<u>Después de la tormenta: La vida después de la expropiación:</u>

La gran mayoría de los expropiados se ubicaron en lo que hoy es la Comunidad Aguas Claras en Ceiba. Las experiencias fueron diversas, para los primeros pobladores fue una experiencia dolorosa y difícil. Lolita nos cuenta:

> Yo diría que duro un año todo el mundo salió de allí,...más o menos como en un año todo el mundo salió de allí. Pero las primeras familias salieron sin nada y sufrieron muchísimo.

Los primeros deportados del 1941-42, no tenían a donde ir, ya que La Autoridad de Tierras se crea en el 1941 y el proceso de expropiación de los terrenos de Don José Bahamonde se da en el 1942. Por lo tanto los primeros expropiados no tienen a donde vivir y por espacio casi de un (1) año y pernoctaban en lugares improvisados dentro del pueblo de Ceiba o en casas de familiares que los acogían.

> Porque nosotros salimos en el '43. Si, el último grupo. Porque nosotros salimos en el '43, porque las primeras familias que salieron, salieron sin tener nada y vinieron a ser ranchitos y "guariquiten"...lo que le llamaban "guariquiten"...

Fue ciertamente triste la condición de familias con numerosos hijos, sin siquiera tener un lugar donde guarecerse. Los primeros desalojados vivieron en campo de refugiados improvisados, con las implicaciones que esto significaba.

Una economía al servicio del NAVY

Al igual que Vieques, el NAVY se convirtió en el principal patrono para aquellos refugiados, que habían perdido la agricultura como fuente de ingreso y alejados de la playa, la pesca y el comercio era más difícil. La construcción de las instalaciones de la base naval con premura debido a que los Estados Unidos habían entrado a la guerra, benefició por un tiempo a aquellos obreros deseosos de trabajar (Piñero, 146). Así que la economía del municipio de Ceiba, que antes dependía de la agricultura, ahora se centra ahora en los servicios que el aparato militar requiere (Ayala, 2004). En Ceiba y todo el litoral este se incrementa el mercado de los bares, los restaurantes, barras, cafetines, casas de juego, los hoteles y sobre todo los burdeles para atender a las tropas norteamericanas (Piñero, 152). Uno de las particularidades que observé al mudarme a Ceiba a principio de los años '60, fue la enorme cantidad de bares, "night clubs" y centros de diversión abiertos hasta altas horas de la noche durante los fines de semana. En la calle principal de Ceiba, la Avenida Lauro Piñero, habían numerosos bares, todos funcionando plenamente. Todavía recuerdo el espectáculo de los Marinos vestidos de blanco que irrumpían como fieras hambrientas por las calles iluminadas por los letreros de "Los Rotos", "Johnny's Bar", entre otros. Esta situación creaba un serio problema en la calidad de vida de la región, ya que afectaba a las comunidades aledañas a la Base Naval Roosevelt

Road. La prostitución, las enfermedades venéreas, los motines y el alcoholismo eran la orden del día en las noches de rumba de los soldados estadounidenses. Luego de constantes quejas y protestas de los grupos civiles y religiosos e incidentes violentos, el gobierno federal detuvo la oleada de marinos hacia Ceiba, haciendo desaparecer ese mercado que tanto daño causó a la población del municipio de Ceiba.

Nos vamos pa' New York

Lolita, junto a gran parte de su familia emigró a Nueva York, dos años después de su llegada a Aguas Claras, en el 1945. Los trabajos de construcción de Roosevelt Road finalizaron en el 1943, agravando la situación de desempleo en la isla (Piñero, 150). Luego de finalizada la Segunda Guerra Mundial, un movimiento migratorio significativo de los expropiados de Guayacán, salen impulsados por su deseo de alcanzar más y mejores condiciones de vida en la gran urbe.

> Yo me fui en el '45 de modo que nosotros vinimos en el '43, en el 43 todavía esa gente iba allá a playas blancas, ve...que tenían un permiso iban allá a playas blancas. Yo me fui en el '45.

Esta ola migratoria de puertorriqueños/as con muy poco conocimiento del idioma y con limitadas competencias académicas se establece en los estados del este de los Estados Unidos, principalmente New York, donde ocupan los puestos más bajos dentro de la jerarquía laboral de la región (Piñero, 151). Allí en las "factorías," los primeros emigrantes sobrevivieron, sin perder su sueño de volver a su tierra amada, luchando con los duros inviernos y soportando el impacto del discrimen y el racismo que estaba institucionalizado en aquélla nación donde residían. La pérdida de lo que significó su fuente de empleo principal; la caña, la pesca y el comercio entre las islas del Caribe y más que nada su espacio vital, los hizo volar hacia el exterior. Un vuelo que para muchos fue como un estrellarse con la realidad de un mundo que los rechazaba.

LA EXPROPIACIÓN DE LOS RESIDENTES DE GUAYACÁN: UNA INTERPRETACIÓN SOCIOHISTÓRICA Y LEGAL DE LOS EVENTOS.

El conocido trovador del litoral oriental de Puerto Rico, Don Joaquín Mouliert, "El Pitirre de Fajardo", el 20 de junio de 2001, a petición mía y con motivo a la celebración del sexagésimo quinto aniversario (65) de la Iglesia Evangélica Unida de Puerto Rico, congregación de Aguas Claras en Ceiba, escribió y cantó una décima, que nos narra los eventos relacionados a las expropiaciones del Barrio Guayacán de Ceiba (1941-1943), de la cual incluyo algunos fragmentos:

Cuando la Segunda Guerra
Por desgracia, comenzó
Roosevelt Roads, nos invadió
Toda la playa y la tierra.
Vasta expropiación, que encierra
Playas Blancas, Guayacán
Y otros sectores que están
Enterrados, sumergidos,
Tan hondamente dormidos
Que nunca despertarán.

Durante la Segunda Guerra Mundial, el gobierno federal de los Estados Unidos se apropió de cerca de 8,638 acres de terreno de los municipios de Ceiba y Naguabo, para construir la Base Naval Roosevelt Roads (Navy BRAC, 2007). La Base Roosevelt Roads se construyó en la Bahía Ensenada Honda en Ceiba, en el área más oriental de la isla de Puerto Rico, a solo ocho millas del campo de tiro de la Isla de Vieques.

El tema de la expropiación de los terrenos que ocupaban los Barrios Guayacán, debe ser considerado dentro de un plan global de desalojo de toda el área oriental de Puerto Rico, donde estaban incluidas las islas de Vieques y Culebra. En mayo 1 del 1939, el Presidente Franklin D. Roosevelt y el almirante William D. Leahy, gobernador de Puerto Rico, retornan a los Estados Unidos continentales, luego de un viaje de examen de las defensas militares tanto en Puerto Rico, como en el Caribe (Rodríguez-Beruff, 2002). Como consecuencia de esta revisión de defensas, surge el Committee on Fleet Operating Base at Vieques, que recomienda en el 1941, la compra de todo el litoral oriental de la isla, que incluye desde Punta Lima, Naguabo hasta la parte noreste de Punta Figuera en Fajardo (Piñero, 2004). Dentro de estos planes esta la creación de una base aeronaval en la región oriental de Puerto Rico, incluyendo todas las instancias relacionadas al Pasaje de Vieques. Este ventajoso lugar para el poderío militar de los Estados Unidos, le proveyó las mejores instalaciones para el Proyecto militar que se tenía en mente. Sin embargo, sus efectos en toda una población de jornaleros impactados por la decisión no se tuvo en cuenta durante el proyecto. La historia tiende a escribirse desde la perspectiva de los vencedores, sin validar la experiencia de las víctimas.

El Barrio Guayacán, ubicado céntricamente entre la Bahía Ensenada Honda y Punta Cascajo, presentaba un paraje natural con visiones paradisíacas en la región oriental de Puerto Rico. La combinación de hermosas playas con llanos costaneros fértiles que sostenían todo el andamiaje agrícola de la zona, tenían las condiciones ecológicas y la localización geográfica adecuada para una vida plena. Aun la limitación de sus caminos de acceso al centro de la ciudad, hospitales y escuelas no opacaban la exuberante belleza de aquellos parajes. Aunque la mayoría de los residentes de Guayacán, agregados de las haciendas o ingenios azucareros, no eran propietarios de sus terrenos, eso no impedía, que se sintieran dueños de aquello que fue parte de su existencia por decenas de años. La emergencia de la guerra, que se promovía por los medios noticiosos del país, junto a la promesa de obtener tierras con titularidad, hizo de la tarea del NAVY una fácil y sencilla. Con excepción de los terratenientes, que no satisfechos con el dinero ofrecido, llevaron sus casos a las cortes federales (Act. Of C. P., 1942, 2435), el resto de la población caminó con un coraje internalizado y dolor manifiesto, aunque con optimismo, hacia lo que se le había prometido, una tierra donde pudieran construir sus casas y criar a sus hijos. El dolor del recuerdo está todavía presente en aquellos pobladores de Guayacán (Soto-Millán, 2007). El Departamento del NAVY solo les dio una cantidad de dinero insignificante por sus casuchas y los frutos menores que tenían sembrados en sus huertos caseros (Anejo #4). Al desaparecer la caña y limitarse su acceso al mar, fuentes de trabajo, alimentación y lugar para la socialización y recreación, se pierden significado, símbolos y referenciales fundamentales de la cultura de aquel barrio. Nadie pareció abogar por aquel grupo de indigentes, parecían invisibles en una sociedad amedrentada por la guerra, que no deseaba ser considerados como antipatriotas y mucho menos aparecer en los listados los sospechosos de nazis, fascistas o nacionalistas (Piñero, 259-270). Todo ese aparato ideológico de la guerra demolió la resistencia de aquellos que salían y de aquellos que pudiendo defenderlos no lo hicieron. La seguridad nacional era la prioridad y el derecho individual se doblega ante esta. En aquel "éxodo" de los residentes de Guayacán, ni siquiera los perros ladraron (Éxodo 11:7).

Sin embargo, la expropiación de los habitantes de Ceiba y Vieques abre una caja de Pandora, que aunque las autoridades gubernamentales la conocían, no estaba dispuesto a enfrentarla, por sus implicaciones sociales y económicas. La mayoría de los habitantes de la isla de Puerto Rico carecían de propiedades y el limitado terreno de una isla de 3, 435 millas cuadradas, estaba en la mano de unos pocos hacendados. El latifundio, un mal heredado de la sociedad española y acrecentada por el aparente éxito de la industria azucarera a principios del siglo XX, estaba escondido con una falsa benevolencia de los hacendados hacia sus jornaleros y nadie quería hablar de eso (Crist, 1948; Vivas, 1978). La realidad de miles de refugiados en su propia tierra, obliga a la legislatura, en manos del Partido Popular Democrático, a tomar acción a favor de estos desposeídos de la tierra. Los norteamericanos, con el visto bueno del gobierno de Puerto Rico, habían abierto la "caja de Pandora" y ahora tenían que cerrarla dignamente. El gobernador Rexford G. Tugwell, endosa y firma la ley que establece la Autoridad de tierras del 1941 e impulsa su gestión (Crist, 1948). Uno de los primeros proyectos de la Autoridad de Tierras en el 1942, fue la expropiación de cuatrocientas (400) cuerdas de terreno de la Hacienda Aguas Claras, para distribuirlas en usufructo a los desplazados de Guayacán (El Mundo, 1942). A partir de aquel entonces, el latifundio azucarero, abre paso al latifundio de la Autoridad de Tierras y del poder militar. Los desplazados no tenían titularidad sobre los terrenos, sino que estos se mantenían como propiedad de la Autoridad de Tierras. Volvía a repetirse la historia, ahora el gobierno central y el NAVY eran los principales propietarios de la tierra y esta no habrá de pasar a manos de los desplazados según la intención original de esta ley, hasta el verano del 1969, bajo el Gobernador, Luis A. Ferré-Aguayo.

La pérdida del entorno ecológico del Barrio Guayacán, con todos sus significados, símbolos y referentes culturales y existenciales, crea las condiciones para una nueva economía al servicio de la Base Naval Roosevelt Roads. Una economía que envolvió al litoral este en toda una vorágine de negocios, que de forma directa o indirecta recibían sus ganancias de la gestión militar en la región. Dentro de estos negocios había algunos que pretendían construir su capital ofreciendo servicios a los soldados que le salía caro a la moral pública de los municipios afectados.

Junto a esta nueva economía al servicio del NAVY, comienza un nuevo éxodo hacia tierras extrañas, donde se le ofrecía una mejor vida, sin explicar del todo el alto costo que tenían que pagar. Los antiguos pobladores de Guayacán, pasan al finalizar la Segunda Guerra Mundial, a llenar los barrios de la gran urbe, la ciudad de New York, a dejar en ella sus huellas y a recibir de ella marcas imborrables...pero siempre recordando y deseando volver para redimir sus espíritus, "a Playas Blancas, Guayacán y otros sectores que están enterrados, sumergidos, tan hondamente dormidos, que nunca despertarán."

REFERENCIAS:

Ayala, Cesar J. (2006). The cold war and the second expropriations of the Navy in Vieques. *Centro Journal*, XVIII, (1) (Spring), 10-35.

Ayala, C. J. & Bolívar, J. (2004). Entre dos (2) aguas: economía, sociedad e intervención estatal en Vieques. *Revista de Ciencias Sociales,* 13 (invierno), 52-79.

Ayala, C. J. (2001). Del latifundio azucarero al latifundio militar: Las expropiaciones de la marina en la década del cuarenta. *Revista de Ciencias Sociales,* 10 (Enero) 1-33.

Bothwell, R.B. (1979). Puerto Rico: cien años de lucha política (Programas y manifiestos 1869-1952) Vol. 1. Río Piedras: Universidad de Puerto Rico.

Crist, R.E. (1948). Sugar cane and coffe in Puerto Rico. College Park: University of Maryland.

Estrada, W. (2003). ¿Pastores o políticos con sotanas? Pastoral de la guardarraya en Vieques. San Juan, Puerto Rico: Fundación Puerto Rico Evangélico.

Fernández, E. (1971). Historia cultural de Puerto Rico (1493-1968). San Juan, Puerto Rico: Ediciones El Cemí.

Fernández, R. (1999). Caña, café y tabaco en tres novelas de Enrique A. Laguerre: su realidad social. Revista Atenea, XIX, Consultada el 24 de diciembre de 2007, http://ece.uprm.edu/artssciences/atenea/Atenea-XIX.

Frank, B. & Shaw, H. I., Jr. (1968). Victory and occupation: History of U.S. Marine Corps operation in world war II. Vol. 5. Washington: Government Printing office.

García-Muñiz, H. (1988). La estrategia de Estados Unidos y la militarización del Caribe. Río Piedras: Instituto de Estudios del Caribe, Universidad de Puerto Rico.

González, A. J. (1971). Economía política de Puerto Rico. San Juan: Editorial Cordillera.

Hibben, F. O. & Pico, R. (1948). Industrial development of Puerto Rico and The Virgin Island of the U.S. Corps Operation in World War II. Vol. 1. Port-of-Spain, Trinidad: Caribbean Commission.

Laguerre, E. (1967). La llamarada. Barcelona: Ediciones Rumbos.

Langley, L.D. (1985). Roosevelt Roads, Puerto Rico, U.S. Naval Base 1941. In United States Navy and Marine Corp Bases, Overseas, eds. P. Coletta and J.K. Dauer. 271-275. Westport: Conn: Greenwood.

Lucca, N., & Berríos, R. (2003). Investigación Cualitativa en educación y ciencias sociales. Hato Rey, PR: Publicaciones Puertorriqueñas.

Meléndez-López, A. (1989). La Batalla de Vieques. Río Piedras: Editorial Edil.

Pagán, B. (1972). Historia de los partidos políticos puertorriqueños, I. Barcelona: Talleres de Manuel Pareja.

Picó, R. (1943). Report of the committee for the investigation of conditions in the island of Vieques. Archivo Luis Muñoz Marín (Trujillo Alto, Puerto Rico) Series 9, Folder 506-3 (March 18).

Piñero-Cádiz, G. M. (2004). La Segunda Guerra Mundial, Puerto Rico y la Base Roosevelt Roads. Disertación doctoral inédita, Centro de Estudios Avanzados de Puerto Rico y El Caribe.

Roca-Rosselli, Carlos (1967). Historia de las relaciones obrero-patronales en la industria azucarera de Puerto Rico. Tesis inédita, Universidad de Puerto Rico, Recinto de Río Piedras.

Rodríguez-Beruff, J. (1988). Política militar y dominación: Puerto Rico en el contexto latinoamericano. Río Piedras: Huracán.

Rodríguez-Beruff, J. (2002). Las memorias de Leahy: los relatos del Almirante William D. Leahy sobre su gobernación en Puerto Rico (1939-1940). San Juan: Fundación Luis Muñoz Marín.

Trias-Monge, J. (1997). Puerto Rico: The trials of the older colony in the world. New Haven: Yale University Press.

Veaz, M. (1995). Las expropiaciones de la década del cuarenta en Vieques. Revista del Colegio de Abogados de Puerto Rico, 56, 2 (abril-junio): 159- 213.

Vivas, J.L. (1978). Historia de Puerto Rico. New York: Las Américas Publishing.

PERIÓDICOS:

El Mundo. 12 diciembre de 1941; (1939-1943).

Navy BRAC, Hoja de Informaci6n, 2007, 1, 2, 3.

DOCUMENTOS Y PUBLICACIONES GUBERNAMENTALES

U.S. House of Representatives. (1901). Letter from Secretary of the Navy transmiting a report in relation to the stablishment of a naval station in Porto Rico.

Congressional Record 77th Congress, 1942. Washington, D.C: Government Printing Office (enero 31): (7 folios de documentos legales del Congreso de los Estados Unidos). Las Bases legales del Proceso de Expropiaci6n por parte del Secretario del Navy, se sostienen en los siguientes documentos a mencionar:

1. Las Actas del Congreso aprobadas en Marzo 23, 1941 (Public Law 22, 77th Congreso; 55 Stat., chapter 26.
2. Actas de Marzo 17, 1941 (Public Law 13, 77th Congreso; 55 Stat., chap. 16)
3. Actas de Agosto del 1888 (25 stat., 357; U.S.C., title 40, sec. 257)
4. Actas de Febrero 26, 1931 (46 Stat., 1421; U.S.C., title 40, sec. 258 a)

Executive Order No. OE-2003-66 (2003). Commonwealth of Puerto Rico, La Fortaleza. San Juan, Puerto Rico.

ACTAS LEGALES

Act Of the District Court of The United Status for Puerto Rico about Condemnation Proceedings (1942-1947). : Civil Acts 2712, 2435, 2332, 2333, 2334, 2335, 2601, 4271, 2316; Mapas de toda la expropiación.

2005 DTS 183 HBA Contractors vs. Municipio de Ceiba 2005TSPR183, (2005). *LexJuris Puerto Rico.* Retrieved el 30 de septiembre de 2007 en http://www.lexjuris.com/lexjuris/tspr2005/lexj2005183.htm.

ALIANZA PRO DESARROLLO DE CEIBA (APRODEC): Diversos documentos sobre el proceso de lucha de los residentes de Ceiba para obtener participación y justicia en los procesos de Re-Desarrollo de Roosevelt Roads (2004-2007). Consultado en 12 de octubre de 2007, www.aprodec.net

PAGINAS CIBERNETICAS:

http://www.aprodec.net

www.portaldelfuturo.com

www.bracpmo.navy.mil/bracbases/pr/roosevelt_roads

www.nsrr-ir.org

http://www.lexjuris.com/lexjuris/tspr2005/lexj2005183.htm.

ENTREVISTAS

Entrevista a Dolores Soto-Millán, 31 octubre de 2007

ANEJO #1

GUIA DE PREGUNTAS PARA LA ENTREVISTA.
Estudio sobre la Expropiación de los terrenos ocupados por la Antigua Base Naval Roosevelt Roads, Ceiba.

Preguntas:

a. Área Personal y familiar

1. ¿Cuál es su nombre?
2. ¿Qué usted recuerda del Barrio Guayacán? ¿Cómo era? ¿Cuáles eran las mayores necesidades de la gente?
3. ¿Por cuánto tiempo vivió allí? ¿Cómo era la casa?
4. ¿Quiénes eran sus padres?
5. ¿Cómo llegaron ustedes a Guayacán?
6. ¿Cuántos eran en su casa?
7. ¿A qué se dedicaban sus padres y hermanos? ¿Cómo se ganaban la vida?

B. Evento de expropiación

8. ¿Cómo se enteraron ustedes de la intención del NAVY de expropiarlos?
9. ¿Quiénes eran los dueños de los terrenos donde ustedes vivían? ¿Para qué fecha ocurrió esto?
10. ¿Cómo fue el proceso de expropiación? ¿Cuánto tiempo duró? ¿Cuándo y dónde le pagaron por la expropiación?
11. ¿Recuerdan algún funcionario público que les visitó?
12. ¿Qué hizo el gobierno municipal de Ceiba, el gobierno estatal o alguna agencia de ayuda a favor de ustedes?
13. ¿Cuánto dinero le pagaron por sus casas o cosechas? ¿Hubo algún ofrecimiento del NAVY, gobierno estatal o municipal?
14. ¿Cuál fue la actitud de los que fueron a expropiarlos? ¿Fue el NAVY, el gobierno estatal o los dueños de los terrenos? ¿Estuvieron de acuerdo? ¿Hubo algún resentimiento? ¿Protestas? ¿Recuerdas si alguien fue preso?

C. Eventos Post-expropiación

15. ¿Hacia dónde se fueron a vivir ustedes?
16. ¿Quién le facilitó vivienda?
17. ¿Hacia dónde se trasladó toda la gente que eran sus vecinos?
18. El Rvdo. Narciso Solero, era Representante a la Cámara para ese tiempo, ¿qué usted sepa el hizo algún trámite a favor de los expropiados?
19. ¿Qué hizo la Iglesia Evangélica Unida de Puerto Rico a favor de los expropiados? ¿El Pastor Teodoro Donato, líder de la congregación de Playas Blancas?
20. ¿Cuántas personas fueron expropiadas junto a ustedes?
21. ¿Cómo se sintieron ustedes al tener que salir expulsados de sus comunidades?

ANEJO #2

TRASCRIPCIÓN DE LA ENTREVISTA A LA SRA. DOLORES SOTO-MILLÁN
Entrevista: miércoles 31 de octubre de 2007, 2:30 p.m. Fue entrevistada en su hogar. Calle 6, No. 111, Urb. Brisas de Ceiba, Ceiba, PR 00735

Mi nombre completo es Dolores Soto-Millán, aunque todo el mundo me conoce como Lolita.

¿En qué área tú vivías dentro del Barrio Guayacán y explícame como era ese lugar y que cosas tú te acuerdas que había alrededor de tu casa?
Si...Yo vivía... en la carretera principal de entrada de... Playas Blancas, este...cerca de la laguna a mano izquierda quedaba la casa de nosotros...este... más adelante estaba la tienda o sea el colmadito...y entonces a la izquierda también... a la derecha estaba la escuela...y había...allí estaba la mayor parte de unas cuantas casas alrededor....eso se consideraba como si hubiera sido el pueblo...es como si fuera el pueblito ahí...

¿Cuántas personas vivían alrededor tuyo?
...Déjame ver...estaba la familia de Doña mercedes y Don Jesús, luego estaba Eduardo Robles, Panchita, luego los padres de Veneda, Francisco Velázquez y la mama le llamaban Pía... yo no sé exactamente cuál era el nombre de ella, siempre se conocía por Pía...y después íbamos nosotros, Manolo Soto, que era el dueño de la tienda...luego estaba la escuela...después los padres de Armando...que se llamaba...ahora no me acuerdo del nombre...yo sé que era de apellido Méndez...Don León Méndez. Todas esas casas eran las que estaban ahí... Luego había que caminar bastante para llegar a otras casas del barrio...por todo en general eran como noventa familias en Playas Blancas.

¿Por cuánto tiempo vivieron allí y como era la casa de ustedes?
Bueno, yo Salí de 17 años de allí...nací, allí...en la casa donde nosotros vivíamos...no yo no nací allí...según mi hermana Modesta. Pero este nos mudamos, después que se "esbarató" (sic) la casa por

causa de los temporales, entonces papa hizo esta casa. Era una casa alta de socos altos y por las tardes se metían las reses. Papá siempre tuvo vacas...cabros y lechones. Antonio...Alberto Antonio Soto y Ricarda Millán... eran mis padres.

¿Cómo llegaron tus padres a Guayacán o Playas Blancas, donde tú vivías?
Bueno Según información de papá y mamá...papá era de Naguabo...creo que vino o nació por allá por Naguabo...Mamá yo no sé si nació en Playas Blancas o nació fuera de Playas blancas. No recuerdo eso. Yo sé que mi abuela vivía allá en Playas Blancas. La mamá de papa...este no conocí mi abuelo por parte de papá, pero ni conocí mi abuela por parte de mama...conocí mi abuelo por parte de mama. Era el que vivía, porque los otros dos habían muerto. Si murieron viviendo en Playas Blancas. De modo porque verdaderamente yo los conocía a ellos allí...no sé si vinieron de otros lados. Mi abuela por parte...la mamá de papá...su mamá era española... y era gente bien blanca, colorá de ojos azules. De esos yo me acuerdo... me acuerdo de "buelita" y mi bisabuela...que eran bien blancos... colorá de ojos azules. Del papá de mamá, era una persona más trigueña...este... pero, mi abuela no la conocí, ella había muerto.

Bueno...Los que estábamos en casa...este...era desde... de Carmelo para abajo....era porque Carmelo se fue para el ejército cuando llegamos a Aguas Claras....ya los demás estaban casados. Modesta se había ido a New York... y Jobo y Goyo estaban casados...de modo que estaba Carmelo, Lola, María, Drina, Toñín, Cuity. Habíamos seis...en la casa habíamos seis, papá y mamá...Ocho.

¿A qué se dedicaban tus padres?
Bueno...Mamá se dedicaba a ama de casa y papá tenía un barco, porque la mayor parte de la gente de Playas Blancas vivían del mar...Papa no era como pescador en si...porque él se ocupaba de llevar y traer carga. Él era el barco más grande que llevaba carga de Playa Blanca a Vieques, Culebra, San Tomas, Tórtola, por todas esas islas. El llevaba carga vendía allá y traía producto de allá y se vendían acá.

¿Así que había un puerto en Playas Blancas?
Síííííí....habían un puerto

¿Antes de la base dragar había un puerto?
Oh, Yes...donde llegaban todos los barcos...llegaban todos los barcos en la orilla del mar, entonces dejaban los barcos bastante retirados y tocaban un fotuto...y entonces un tío mío político...que era la persona más cerca que vivía de la orilla de la playa, iba con la lancha y buscaba la gente de los barcos que l

¿Y a dónde desembarcaban, para donde iban de ahí?
Bueno de ahí cada cual cogía pa' su casa.
Este el papa de...el papá de...Luis Millán el que tenía ahí el colmado....el papa de Luis Millán, Sico Millán, por años este...tuvo con papa viajando y el llevaba vianda y cosas para vender en Vieques y esas islas...y de allá se traía animales traían animales y traían otras cosas. Y entonces papa era el que llevaba y traía este...Eso...era el barco...era como una barcaza... (se ríe) Algo grandísimo...Era grande... El primer barco que él tenía se llamaba Luz del Alba. Por cierto a papá lo cogieron con un contrabando...

Ah, ¿también? ¿Quién lo agarró?
Con un contrabando, era cuando la ley de la prohibición...entonces a casa fue un hombre que sonsacó a papá, para que fuera a buscar un contrabando creo que en la Playa de Vieques...no sé exactamente dónde fue...y papá dijo...yo no quiero...yo me he quitado de eso...yo no quiero volver a eso. A la verdad eso fue un fraude que ese hombre hizo...porque este hombre que vino a sonsacarlo, quería entrar a esa organización... que iban cogiendo este... contrabando y para poder entrar tenía que acusar a alguien o saber de alguien,-- fíjese saber de alguien...entonces vino y sonsacó a papa y le ofreció el dinero, lo que fue...entonces papá dijo "mira esta es la última vez que voy a hacer esto...porque yo no quiero estar en esos negocios". Entonces fue...el salió a buscar ese deso(sic)...creo que era para llevarlo a Fajardo, cuando venían a mitad de camino...y no sé exactamente por donde...aparece la lancha de la policía...de la prohibición con ese hombre dentro, señalando a papa...entonces, bueno es un historia que nos mató a todos nosotros...entonces

cogieron a papá y perdió el barco... le confiscaron el barco...a papá lo metieron preso...

¿Para qué año estamos hablando?
Caramba...para que año fue...todavía yo...fue antes...yo me acuerdo de eso...pero exactamente el año no sé.

¿Estuvo mucho tiempo preso?
Le echaron 18 meses, pero cumplió 9, la mitad, los otros 9 bajo palabra. Y nosotros sufrimos grandemente, porque papa era...cuando eso mis hermanos no se habían casado...de modo que de eso hace muchos años...Así que Jobo y Goyo fueron los que tuvieron que hacer frente a ese cuadro de hijos y de mamá. Y mamá haciendo pasteles y haciendo cosas para vender. Luchando para echar pa' adelante, cosiendo...ella cosía las velas de todos los barcos...ella cosió todas las velas de todos los barcos de Playas Blancas. Ella era quien las cosía... Era la costurera...y entonces con esos chavitos y con lo que ella regenteaba, vendía cerdos, gallinas y que se yo ni que... y los muchachos trabajando...que nunca habían ido a la caña...tuvieron que meterle el cuerpo...a la caña...entonces pues...así nos levantaron hasta que papá salió. Entonces cuando el salió...entonces construyó ese otro barco (interrumpe el entrevistador)

¿Lo construyó el mismo?
Bueno, lo construyó con otra gente...él dijo lo que él quería y los Velázquez, Plácido Velázquez y otra gente más...pues le ayudaron a él a hacer ese barco y entonces se dedicó a llevar y traer cargas. (**Interrupción**) No hasta que murió...Porque el murió de 90 años, sino yo diría hasta que salimos de Playas Blancas.

Lolita, ¿cómo ustedes se enteraron de la intención del NAVY de expropiar a todos los residentes de Playas Blancas?
Bueno, a través de la gente que trabajaba en la base...que vivían en Playas Blancas...que iban y venían las voces ve...de lo que oían y se decía...que nos iban a expropiar a nosotros a todos los habitantes de Playas Blancas, porque todos esos terrenos iban a pertenecer a una base naval que iban a hacer ahí el NAVY. Hasta que un día llego un señor a caballo, un americano, y entonces iba casa por casa, iba preguntando el nombre del dueño de la propiedad...entonces el

miraba la casa alrededor y él le puso el precio que él quiso.

¿Él le puso el precio a la estructura?

A la estructura...Ellos miraron y lo único que preguntaron quién era el dueño de la casa, entonces él se pasaba escribiendo, escribiendo y entonces le dio la vuelta así (señala con la mano) a toda la casa alrededor, porque para adentro no entraron, fue solamente por fuera.

¿Tú recuerdas a ese señor? ¿Era norteamericano?
Seguro yo estaba en casa cuando...Sí

¿No le dijo nada a ustedes, no le preguntó?:
Que yo recuerde nada...Solamente el nombre del dueño, de la persona...del dueño de la casa.

¿Quiénes eran los dueños de esos terrenos?
Bueno, originalmente, yo no sé quién eran los dueños de esos terrenos, sinceramente...yo sé que mi abuelo tenía una finca cerca de la playa y tía Caya también tenía otra finca cerca que ellos clamaban que tenían...que tenían escrituras de esas "desos" (sic). (Interrupción) Donde nosotros vivíamos, yo no creo.

(Interrupción del entrevistador) No tenían Escrituras...porque no les pagaron los terrenos a ustedes, le pagaron solamente la estructura.
No...yo creo que cada cual hizo la casa donde quiso, según yo creo....

¿Por cuánto tiempo habían vivido las familias allí, sin Escrituras?
Bueno, Yo no recuerdo haber vivido en ningún otro sitio nada más que en esa casa.

Lo que pasa conforme a la investigación que, los terrenos donde ustedes vivían eran de los Bahamonde (realmente eran del Municipio de Ceiba), que eran los mismos dueños de Aguas Claras.

Ah bueno...eso iba a decir yo. Porque aquí expropiaron a este Señor Bahamonde para darnos entonces a nosotros... (Interrupción del

entrevistador)...**horita vamos a hablar de eso...pero eran dueños de allá.**
Pues no lo sé...

¿Tú no recuerdas quienes eran los dueños, obviamente por los que me has dicho?

No.

¿Recuerdas exactamente las fechas en que comenzó ese proceso de ese caballero, tomando notas del valor de las casas?

Yo diría que fueron uno o dos años antes de empezar la expropiación. Porque nosotros salimos en el '43. Si, el último grupo. Porque nosotros salimos en el 43, porque las primeras familias que salieron, salieron sin tener nada y vinieron a ser ranchitos y "*guariquiten*"...lo que le llamaban "*guariquiten*"... (se ríe)

Luego, trata de recordar el proceso de expropiación, de examinar y apuntar el costo de las estructuras... ¿cómo fue ese proceso?... ¿cómo hizo el Navy para sacarlos de allí?

Bueno, yo creo que mandaron unas cartas, diciendo que durante ese período o lapso de tiempo...de so and so tiempo...porque había habido un "deso" con el gobernador de Puerto Rico, que entonces era Luis Muñoz Marín (**el entrevistador la corrige)**...**el gobernador era Tugwell**.

¿Tugwell era? ...Oh......Yo creía que era Luis Muñoz Marín. **Muñoz empezó en el 1948.**

¿Cuánto tiempo duró la expropiación después que recibió la carta?

Yo diría que duró un año todo el mundo salió de allí, más o menos como en un año todo el mundo salió de allí. Pero las primeras familias salieron sin nada y sufrieron muchísimo.

Las primeras que fueron las del '41, explícame eso, ¿A dónde fueron esas familias?

Buenos ya habían expropiado a este señor las 500 cuerdas de terreno aquí
Entonces se echó un sorteo y cada cual vino a ver a donde le había tocado y entonces en el sitio que le tocó hicieron ranchitos.

Entrevistador: ¿Pero ya en el '41 había pasado eso?
Yo creo que no, yo no sé exactamente. Yo creo que los terrenos En el 42-43 más o menos fue dieron los terrenos porque se cogió como un año en lo que ellos dieron las cartas y se expropió a las gentes.

Pero cuando dieron las cartas informándole, ¿recuerdas tú si papá hizo alguno comentario al respecto?

Bueno nosotros, todo el mundo decía nos tenemos, que ir, nos tenemos que ir pero como nos tenemos que ir como va a hacer esto. Había cierta incertidumbre había cierta incertidumbre porque la mayoría de las gentes de Playa Blanca vivían de la pesca del mar y por tanto tiempo. Y papá no vivía de la pesca pero vivía también del mar, ve' se comentaba, eso la gente lo comentaba. Pero como era una cosa que nos teníamos que ir, no había nadie que nos defendiera.

¿Se acercó alguien del gobierno municipal de Ceiba y los orientó?
Que yo recuerdo, nadie.

¿El gobierno central hizo algo?
Yo no tengo información que nadie hizo nada sinceramente.

¿Alguien protestó, alguien fue a protestar? ¿Alguien pagó abogado, alguien no estuvo de acuerdo?
Para ese tiempo la gente no podía pagar abogado ni nada de eso

¿Pero nadie le consultó, nadie orientó, el gobierno vino, el alcalde de Ceiba vino?

A la verdad que yo sepa, no, no tengo ese conocimiento.

¿No te acuerda que el alcalde, algún grupo comunitario?
No tengo ese conocimiento si alguien se movió. Ahí el que movía mas era Manolo Soto, vamos a decir que era como el de eso del barrio, el

líder de barrio

¿De qué Partido Político era Manolo Soto?
Popular, si era Popular. Bueno primero antes de Popular existió el Partido Liberal, que era entonces papá y mi familia y Manolo Soto también. Después fue que todo el mundo cambio para el Partido Popular. Entonces, yo no sé si ellos vendrían acá al municipio.

¿No recuerdas si hubo alguna reunión de comunidad?
No esa parte no recuerdo. No reunión de comunidad en el barrio que yo sepa ninguna. Ahora no se si de allí salieron acá al municipio o al gobierno no sé.

Te pregunto, ¿ya para ese tiempo estaba la Iglesia Evangélica Unida de Puerto Rico allí?
Estaba la capilla

¿La capilla de con Teodoro Donato? ¿Alguien hizo comentarios sobre esta situación? ¿Teodoro Donato? ¿Se dijo algo en la iglesia?
Sí. En la iglesia se hablaba, sí, ¿cómo vamos hacer?, ¿cómo vamos hacer? Entonces cuando vino el asunto del repartimiento del terreno, pues a la iglesia la incluyeron también para darle un sitio.
.

¿La iglesia orientó, la gente no orientaba, la gente no decía "mira que es lo que está pasando? Vamos a orar, no, no sé, que tú recuerdes.

Bueno orar sí, porque todo el mundo estaba desorientado por completo, verdad.

¿O sea que tú recuerdes, ningún funcionario público, ni el gobierno estatal, ni el gobierno municipal, ni el gobierno federal, colaboró con ustedes?
No, que yo sepa o recuerde nadie, no puedo mencionar de nadie. Porque yo hasta cierto punto, estaba contenta de salir de allí. Porque yo era de 17 años, pasamos la de "Caín" hasta cierta forma.

¿Sabían para dónde iban?
Bueno ya sabíamos que veníamos para Aguas Claras.

¿Pero ya le tenían terrenos, ya le había repartido parcelas?
Oh, sí, porque papá hizo la casa enseguida

¿Pero acá en Aguas Claras en dónde?
...donde está la casa que nosotros vendimos, usted sabe dónde está la cooperativa...

¿Aja, si?

Aquel camino que sube derecho arriba donde termina ese caminito que es la carretera que cruza, ahí era la casa de nosotros, entonces papá dijo: "yo no voy a mover la familia, hasta que yo no tenga la casa hecha. Y así fue." Entonces de la misma gente que venían a buscar trabajo (se ríe) a la base, todos esos carpinteros que venían, pues entonces toda esa gente fue la que se alquiló, para hacer las casas en Aguas Claras.

Cuando ustedes se mudaron, ¿ya tenían casa?

Cuando nosotros nos mudamos, síi ya teníamos casa.

Te recuerdas, ¿cuánto le pagaron a tu papá por la estructura?

Una porquería, ciento y pico, algo así.

¿Le pagaron por el barco también?

Por el barco no, el barco lo vendió, después que nosotros estamos, acá en la "deso" (sic), porque la gente que tenía barco y se ganaba la vida le dieron un pase por aquí en la base para que ellos pudieran seguir trabajando. Por cierto tiempo le dieron eso, ve. Y yo me fui para Estados Unidos cuando todavía estaba...

¿Cómo era Aguas Claras? ¿Cómo estaba todo allí? ¿Estaba todos los vecinos de Playas Blancas?

Todo el mundo estaba allí, después de todo estaba todo el mundo contento (se ríe)... todo el mundo estaba contento. Contentos, porque tenían tierra,

¿Aunque se la dieran en usufructo?

Exactamente, exactamente. Pues, pero por lo menos cada cual podía construir su casa ahí, y entonces también tener animales, porque le dieron una cuerda de terreno a cada uno al principio, entonces todo el mundo pegó a sembrar. Papá hizo una tala, válgame, allí, terrible detrás de casa si, y entonces la facilidad al pueblo, para los muchachos ir a la escuela y todas esas cosas...pues eso llenaba de cierto modo verdad a la gente de alegría, en ese aspecto, de modo que yo estaba lo más contenta.

Eso es importante, tú estaba contenta.

, porque yo estaba contenta de salir de Playas Blancas, porque yo me di tantas mojas viniendo para la escuela a caballo que teníamos que ir todos los días venir ir y venir a caballos de Playas Blancas a Ceiba, pues entonces, claro como yo una muchacha joven yo estaba contenta.

¿Hubo alguna persona resentida por esa salida? ¿Algún vecino, alguien que tu notabas que esta resentido por haber salido de Playas Blancas de la forma en que salieron?

Pues no pudo mencionar verdaderamente si hubo tal resentimiento, yo sé que Juan Solero se oponía.

¿Quién era Juan Solero háblame de él?
Juan solero este, era un hombre que también tenía barco, este ahí, pero él tenía muchísimas cuerdas de terreno que yo no sé si eran de él o no. Él tenía ganado, mucho ganado. Entonces como acá lo que estaba dando era una cuerda que por cierto, a él le dieron tres cuerdas que es la casa, sabe dónde vivía Lusa, pues al frente así, una casa que había así, ahí había tres cuerdas de terrenos. Se las dieron al Juan Solero y el hizo casa ahí. Porque él se trajo el ganado para ahí.

Juan Solero, por lo menos, estaba resentido.
Que yo recuerde sí, porque él lo que pensaba era en su ganado, entonces él había hecho un pozo, para los animales beber, El pozo de Juan Solero, (se ríe) el pozo que era donde venía el ganado de el a beber, yo me acuerdo que nosotros muchas veces íbamos ahí a buscar agua a ese pozo.

Juan Solero ¿tiene alguna relación con Narciso Solero?

Él era primo de Juan Solero...él era primo hermano.

Lolita, ¿tú recuerdas a Narciso Solero? Háblame un poco de él.

Si, Como no lo recuerdo muy bien porque nosotros íbamos a coger instituto a la Iglesia de Naguabo, siendo el pastor de la Iglesia de Naguabo, Allí también el daba clases y también daba clases el Rev. Matos de Fajardo.

Háblame del Rev. Narciso Solero:
Una persona bien agradable, bien agradable, bien amigable, bien avenible, predicaba muy bien, este siempre se estaba riendo, así que tengo muy buen recuerdo de ese hermano, de ese pastor.

¿Sabías tú que el Rev. Narciso Solero Feliciano era el Representante a la Cámara en el momento que ocurre la expropiación de los terrenos donde tu vivías, en Playas Blancas?
Yo como que oí decir algo así... como que oí decir algo así.

Él era pastor y representante a la Cámara por el Precinto 33, por el Partido de la Coalición.
Si yo oí decir algo así, pero creo que nunca...Bueno como le digo este a Playas Blancas nunca fue...entonces como vinimos aquí yo me fui...

¿Y sabes qué tuvo él que ver en los terrenos que les dieron a ustedes en Aguas Claras?
Sinceramente no sé, no sé.

Pregunta ¿qué ocurrió con el resto de personas que vivían alrededor de ustedes, todos se mudaron a Aguas Claras?
Si todos, bueno los primeros que salieron, no habían construido pues muchos de ellos se fueron a con familiares que tenían acá en Ceiba, hasta que construyeron sus casitas.

En término de ustedes, ¿ya eran miembros de la Iglesia Evangélica Unida?
Ah, si

¿Tú eras parte de la Iglesia Evangélica Unida?
Si yo era la secretaria de la Iglesia a esa edad bien joven. Era la secretaria de la Iglesia, sí.

A parte de que te mencione Narciso Solero que era pastor Evangélico Unido y Representante, ¿no sabes si hubo algún acercamiento de la parte de la oficialidad de la Iglesia Evangélica Unida de Puerto Rico, a ustedes cuando ocurrió esa expropiación?
Cuando eso el pastor de Quebrada Seca, porque nosotros pertenecíamos a Quebrada Seca, era Gilberto Robles, entonces yo recuerdo que cuando nosotros íbamos a cuando había bautismo o comunión teníamos que ir de Playas Blancas a la Iglesia de Quebrada Seca a bautizarnos y recuerdo que a mí me bautizo en Quebrada Seca, Charles Mohler.

Charles E. Mohler, mira que interesante
Charles Mohler fue el que me bautizó a mí, sí y entonces veníamos acá entonces a veces Robles iba allá a Playas Blancas a celebrar comunión. Si el hizo o no hizo en esa parte a la verdad que no recuerdo.

¿Cómo fue el sentimiento general de la comunidad, luego de reubicarse en Aguas Claras? ¿Cómo tú percibías que ellos se sentían?
En su mayoría creo que la gente estaba contenta, estaba contenta aun cuando se echaba de menos la playa, especialmente porque a nosotros nos quitaron la playa, Ceiba no tenía playa. Y dese (sic) cuenta que en ese barrio lo único que había era la playa y el juego de pelota que se celebraba en la laguna, al lado de mi casa. Porque esa laguna se secaba, en el tiempo en que estaba seca ese era el parque, por eso cuando nosotros viviríamos como decir el sócalo, ahí era todas las actividades del barrio, ve, entonces nos entreteníamos viendo el juego de pelota de la gente que iba a jugar, iban de acá, iban de Daguao, iban de todos los barrios iban a jugar porque aquellos era una plazoleta aquella laguna se secaba y eso era una plazoleta y entonces ahí se llevaba a cabo los juegos de pelota todos los domingos. El juego de pelota y como era al lado de casa nosotros nos entreteníamos viendo eso, de modo que eso, la iglesia, y la playa

eran los sitios de entretenimiento porque no había más na.'

Cuando llego el evangelio a Playas Blancas pues eso era un fenómeno, porque todos los días salíamos era como romper la rutina, no, de estar "encerraó" (sic) en las casas salíamos para ir a los cultos a diferentes hogares y después trabajamos muchísimo para levantar la capilla, pero como este estaban esta gente Velázquez, seguida ellos la levantaron.

Pregunto, ¿cuándo vino la noticia de la expropiación? ¿Cuáles fueron las razones que dieron para expropiar? ¿Qué fue lo que dijeron a ustedes para expropiarlos de ahí?
La razón era que iba a construir una base naval,

¿Para?
Que el NAVY iba a construir una base naval para defender a Puerto Rico, porque estaba la guerra ya allá, aunque estaba tan lejos yo no sé.

Estaba en Europa...
Exactamente estaba en Europa, para entrenar la gente que iba a mandar para allá. En las cartas pues decían eso.

Y ustedes aceptaron eso de buena fe.
Bueno...Ja, Ja, Ja,

Dime la verdad ¿tu cree que la gente lo acepto de buena fe?
La gente cuando le dicen que no hay otra alternativa, que hay que hacerlo, pues, quizás al principio de resintieron, me imagino yo al principio, pero después pues lo aceptaron.

Y tus padres ¿no te acuerdas que decían ellos?
Papá y mamá pensaban en el barco, pero gracias a Dios hicieron provisión para que los que tenían barco, le dieron pase para que pudiera seguir por X tiempo y entonces eso subsanó, y como le dijeron, que le iban a dar una cuerda de terreno a la gente para que sembrara, pues todo eso verdad, lleno el aquel de las personas, y... y como la gente allá en Playas Blancas todo el mundo criaba sus animalitos, para ayudarse, pues iban a tener mucho más terrenos.

Claro pues, el problema era que la mayoría de la gente no eran dueñas de sus tierras.
Exactamente, si, no eran dueños. Yo sé que mi abuelo y mi tía tenían tierras.

Pero si no tenían escritura para el NAVY era como si no tuviera
Yo creo que mi abuelo tenía escritura.,

¿Cómo se llamaba tu abuelo?
Se llamaba José Millán, el papá de mamá.

¿José Millán?
José Millán. Yo creo que al él le pagaron por la tierra.

Una pregunta reflexiva, ¿que tú aspiras que ocurra ahora con los terrenos de la antigua Base Naval Roosevelt Roads?
Bueno han hecho tantas promesas. Pero no se no sé si la , bueno, si van hacer eso para el bien, todos esos proyectos que están que han pensado hacer, para el bien municipio de Ceiba, sería formidable, Lo malo es que yo he oído decir que a Ceiba no le van a dar nada, habiéndole quitado eso al municipio de Ceiba todos esos terrenos eran del municipio de Ceiba, ¿cómo es posible que haya la ingratitud de ahora haber 50 mil dueños que no fueron expropiados, que ni tienen ahí el corazón como nosotros que salimos ahí. Creo que la van a dejar sin na'.

Lolita muchas gracias por tu entrevista, gracias por la información, no hay duda que estaré transcribiendo y te la voy hacer llegar para revisarla. Así, que muchas gracias.

ANEJO #3

EXPROPIACIÓN DEL BARRIO GUAYACÁN—Alguno de los expropiados tanto de Guayacán, Machos, Daguao, Quebrada Seca, etc. (Act. Of C. P. No. 2316, 2435, 2601, 2712, 2316)

Propietarios de los terrenos expropiados:

1. Sucesión Francisco Zalduondo Veve
2. Celina Benítez viuda de Zalduondo
3. Vicente de Paula Zalduondo Benítez
4. María Socorro Zalduondo Benítez
5. Josefina Luz Zalduondo Benítez
6. Ana Zalduondo Benítez
7. Carlota Hortensia Zalduondo Veve
8. Arturo Zalduondo Rosa
9. Clotilde Veve
10. María Zalduondo Rosa
11. Manuela Zalduondo Rosa
12. Francisco Javier Zalduondo Veve
13. Arturo Demetrio Zalduondo Veve
14. Miguel Ángel & Eligio Guillermo Basorda
15. Luz, María y Raquel Porrata Doria
16. José H. Belaval Ritter
17. Jorge Juan Serrallés, Jr.
18. Jorge Bird León—Hacienda Tolonesa, Hacienda Santa María
19. Concepción Bird Acosta
20. Rafael Concepción Bird Acosta
21. Jorge Bird Arias & Manuela Cerra Becerril
22. Clotilde Veve Díaz
23. Caridad Vahamonde Veve—Hacienda Aguas Claras (Concepción)
24. Magdalena Concepción
25. Gabino Hernández
26. Jerónimo Vallecillo
27. Josefina Zalduondo Veve de Vallecillo
28. Monserrate Rivera & Juana Casanova
29. Francisco Gauthier
30. Juan Flores
31. María Luisa González Echenique

Residentes que vivían como agregados en los terrenos expropiados. Se les dio una compensación por las casas y por las cosechas. El dinero que aparece al lado del nombre, fue el pagado por el NAVY.

32. Vicente Arturet----$400.00
33. Concepción Soto Ramos---$140.00
34. Julia Soto Ramos--$160.00
35. Francisco Soto—$972.00
36. Estate of María José Soto---687.00
37. Roman Catholic Church of Puerto Rico, Ceiba—1,328.00
38. Georgina Lima, et all. -----239.00
39. Francisco Cintrón Soto---75.00
40. Aniceto Arturet---118.00
41. Severiano Soto, et all. ---1,080.00
42. Flor Arturet---106.00
43. Carlota Cintrón Soto---345.00
44. Municipality of Ceiba---109.00
45. The People of Puerto Rico—1.00
46. Casimiro Millán, et. All---1,028.00
47. Dominga del Carmen Meléndez, et. all---899.00
48. Dominga Meléndez Meléndez---458.00
49. Francisca Cintrón, et all.---558.00
50. Ricardo Colon---345.00
51. Francisco Millán---700.00
52. Eladio Lugo---7.00
53. Juana Velázquez---20.00
54. Rosendo Rivera---15.00
55. Antonio Salcedo---17.75
56. Juan Concepción—5.00
57. Epifanía Meléndez—25.00
58. Juan Torres, et all—10.00
59. Juan Camacho Velázquez—80.00
60. Cristino Camacho---85.00
61. Francisco García---68.00
62. León Camacho—130.00
63. Roque Camacho---115.00
64. Águeda Camacho---32.00

65. Monserrate Rivera---185.00
66. Alejo García---4.50
67. Modesto García---145.00
68. Francisco Velázquez---90.00
69. Carmelo Robles---90.00
70. Eduardo Martes—170.00
71. Juan Robles García---36.00
72. Dionisio Méndez Torres—67.00
73. Otilio Arturet---85.00
74. Manuel Soto Ramos---340.00
75. Antonio Soto---110.00
76. Nicolás Arturet---170.00
77. Severiano Millán---110.00
78. Adolfo Solero---180.00
79. Juan Arturo Cintrón---80.00
80. Juan Cintrón Cintrón—80.00
81. Julio Martes---63.00
82. José Millán Jr.---90.00
83. Otilio Cintrón---72.00
84. Gregorio Soto---90.00
85. Víctor Velázquez---63.00
86. Modesta Meléndez---55.00
87. Lope Rodríguez---67.00
88. Juan Millán---90.00
89. José Millán---405.00
90. Teófilo Lugo---27.00
91. Arcadia Soto---130.00
92. Amelia Soto, et all---225.00
93. Carmelina Soto et all---330.00
94. Ramón Soto---225.00
95. Ramón Soto---225.00
96. Félix Velázquez---75.00
97. Félix Camacho---36.00
98. Antonio Soto---150.00
99. Casimiro Millán---Cosecha—110.00
100. Alberto Lugo Millán—Cosecha—135.00
101. Víctor Velázquez---170.00
102. Antonio Soto---67.00
103. Teodoro Donato (IEUPR)---800.00

104. Venancio Robles---130.00
105. Leoncio Velázquez---36.00
106. Jacinto Lugo---54.00
107. Marcelino Soto---80.00
108. Nicolás Morales---27.00
109. Celestino Guzmán---360.00
110. Domitila Martes---54.00
111. Juan Martes---130.00
112. Manuel Soto Ramos---425.00
113. Estate of Eustaquio Robles---23.00
114. Juan Solero---160.00
115. Zoilo Rivera---36.00
116. Juan Flores---400.00

Printed by Books on Demand GmbH, Norderstedt / Germany